1909 Décembre 3.

VENTE

Du Vendredi 3 Décembre 1909

HOTEL DROUOT, SALLE N° 6

A QUATRE HEURES

TABLEAUX

PAR

GUSTAVE COLIN

COMMISSAIRE-PRISEUR

Me HENRI BAUDOIN

Successeur de M. PAUL CHEVALLIER

EXPERT

M. A. VOLLARD

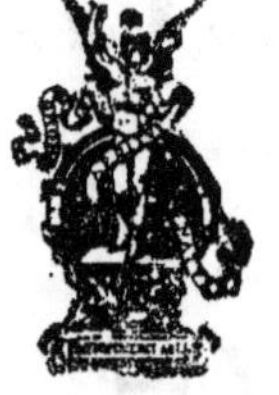

CATALOGUE

DE

TABLEAUX

PAR

GUSTAVE COLIN

DONT LA VENTE AURA LIEU

HOTEL DROUOT, SALLE N° 6

Le Vendredi 3 Décembre 1909

A QUATRE HEURES

COMMISSAIRE-PRISEUR

Me HENRI BAUDOIN

Successeur de M. Paul CHEVALLIER

10, rue de la Grange-Batelière

EXPERT

M. A. VOLLARD

6, rue Laffitte

PARIS

EXPOSITION PUBLIQUE

Le Jeudi 2 Décembre 1909, de 1 h. 1/2 à 5 h. 1/2

Et le Vendredi 3 Décembre, avant la Vente, de 1 h. 1/2 à 4 heures

CONDITIONS DE LA VENTE

Elle sera faite au comptant.

Les adjudicataires paieront *dix pour cent* en sus des enchères.

Paris. — Imp. de l'Art, Ch. Berger, 41, rue de la Victoire.

GUSTAVE COLIN

Gustave Colin, le grand et puissant peintre que célébrèrent les écrivains des temps héroïques, Théophile Gautier en tête, veut que quelques-unes des œuvres qui lui étaient si chères — chères au point qu'il n'avait jamais pu se décider à s'en séparer, — aillent à leur tour courir le monde, et lui valoir encore un peu plus de gloire et beaucoup plus de justice.

Son appel sera entendu, car le public sentira qu'il y a plus de solennité dans cette vente que dans tant de celles que nous voyons couramment. Ce n'est pas une *saison* de peinture, en effet, que Gustave Colin offre ainsi, mais une vie entière. Et quelle belle et noble et forte vie! L'homme qui, né en même temps que le romantisme, a été à la fois un des derniers parmi les grands romantiques et un des premiers parmi les grands naturalistes; le peintre qui était presque compatriote des maîtres flamands par la naissance et des maîtres vénitiens par le cœur, et qui, en fin de compte, n'a trouvé d'aliment digne de son ardeur que dans l'ampleur et la saine âpreté des régions pyrénéennes, cet homme-là est un artiste d'un autre âge, persistant à vivre dans le nôtre avec une sauvage énergie, une superbe vitalité devant lesquelles nous devons nous incliner avec admiration et respect.

Il me semble voir en lui comme une figure de la *Légende des Siècles*. Une sorte de « Welf, Castellan d'Obor », ou bien d'Eviradnus de la peinture, capable, comme l'un, de se défendre tout seul dans sa citadelle, ou bien, comme l'autre, d'endosser l'armure des chevaliers, je veux dire des peintres, d'autrefois, et de livrer encore un suprême combat avec des armes devenues trop lourdes pour beaucoup de ceux d'aujourd'hui.

Cet amoureux de la couleur (et non pas du marchand de couleurs), ce dessinateur exempt de toute mesquinerie, qui a pu peindre avec éclat ces trois choses redoutables : la femme, la montagne et la mer, ne lui rendrez-vous pas hommage, vous qui à Paris aimez encore l'art véritable, et qui savez discerner les vrais ouvriers et les vrais penseurs des intentionnistes hasardeux et de ceux qui se font un mérite de ne rien comprendre, de ne rien concevoir, de ne rien aimer ?

Ne sentirez-vous pas combien, dans ces paysages basques, peints, certains, il y a plus d'un quart de siècle, dans ces pages pleines de sève, et qui sont devenues de vraies richesses de musée, il y a de bonté, de joie, de foi en la nature, et, pour tout dire d'un mot, d'énergie humaine ?

C'est cela qui donne leur prix aux œuvres dont Gustave Colin a résolu de se séparer non pour se reposer, mais pour travailler encore, avec autant d'intrépidité que quand il avait vingt ans !

Eh bien, je dis que cela est fort beau et fort poignant, et je ne suis pas peu ému de venir une fois de plus apporter en sa faveur un témoignage que les contemporains les plus autorisés de Delacroix, de Rousseau, de Corot lui avaient prodigué. Celui qui met de la grandeur dans sa vie et dans son labeur a droit d'attendre de la grandeur dans les sentiments du public envers lui.

Arsène ALEXANDRE.

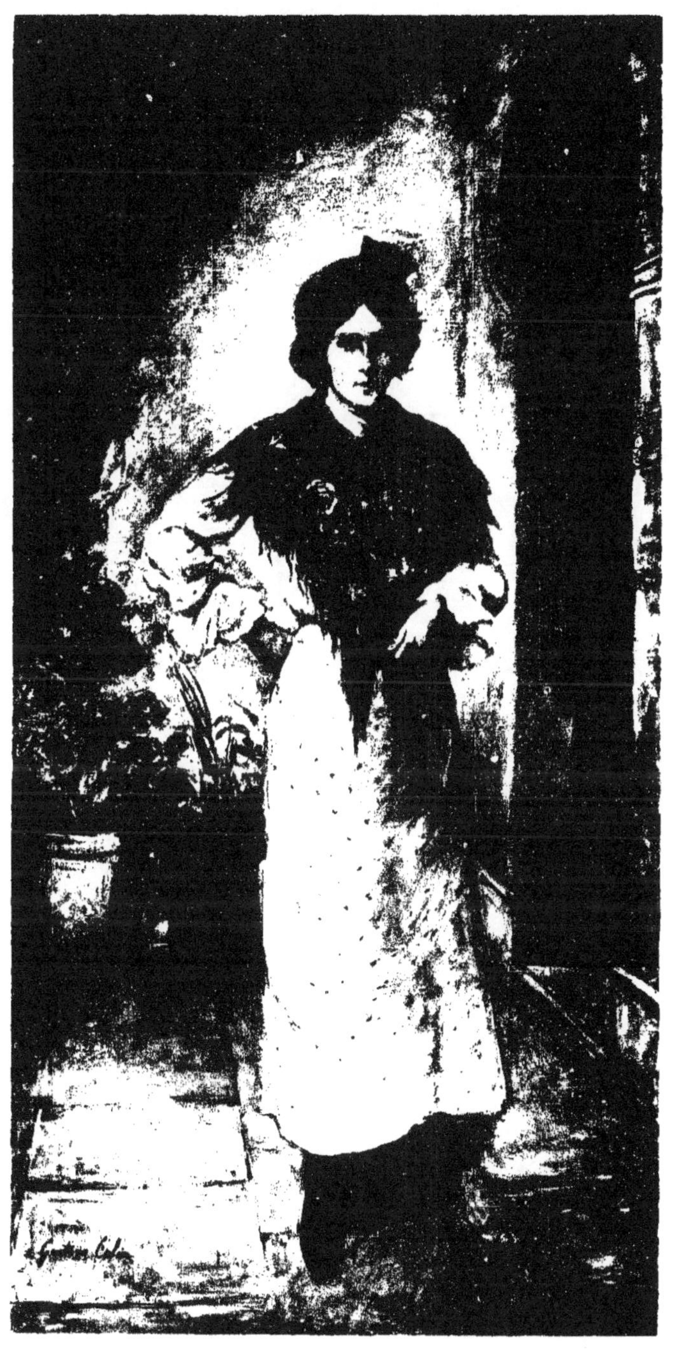

DÉSIGNATION

1 — *Jeune Guipuscoanne partant pour la fête.*

Haut., 2 m. 10 cent.; larg., 1 m. 08.

2 — *Le Pèlerinage de Lezo (Espagne).*

Haut., 1 m. 94 cent.; larg., 1 m. 62 cent.

3 — *La Grotte de Gedre (Hautes-Pyrénées).*

Haut., 65 cent.; larg., 54 cent.

4 — *La Ville de Ciboure et les Basses-Pyrénées.*

Haut., 1 m. 10 cent.; larg., 81 cent.

5 — *Dans la gorge de Baigorry (Pays basque).*

Haut., 46 cent.; larg., 38 cent.

6 — *Fleurs du Midi.*

Haut., 65 cent.; larg., 54 cent.

7 — *Paysan espagnol s'essayant à la cape.*

Haut., 41 cent.; larg., 33 cent.

8 — *Cigarière de Saint-Sébastien.*

Haut., 65 cent.; larg., 54 cent.

9 — *Pêcheurs surpris par l'orage.*

Haut., 92 cent.; larg., 73 cent.

10 — *Course de taureaux (la chute du picador).*

Haut., 92 cent.; larg., 73 cent.

11 — *Le Mont Aro (Pays basque).*

Haut., 65 cent.; larg., 54 cent.

12 — *Le Bois sacré.*

Haut., 81 cent.; larg., 65 cent.

13 — *Le Jardin des lauriers-roses.*

Haut., 81 cent.; larg., 65 cent.

14 — *Montagnes de Saint-Sauveur.*

Haut., 55 cent.; larg., 48 cent.

15 — *Environs de Bagnères-de-Bigorre.*

Haut., 63 cent.; larg., 54 cent.

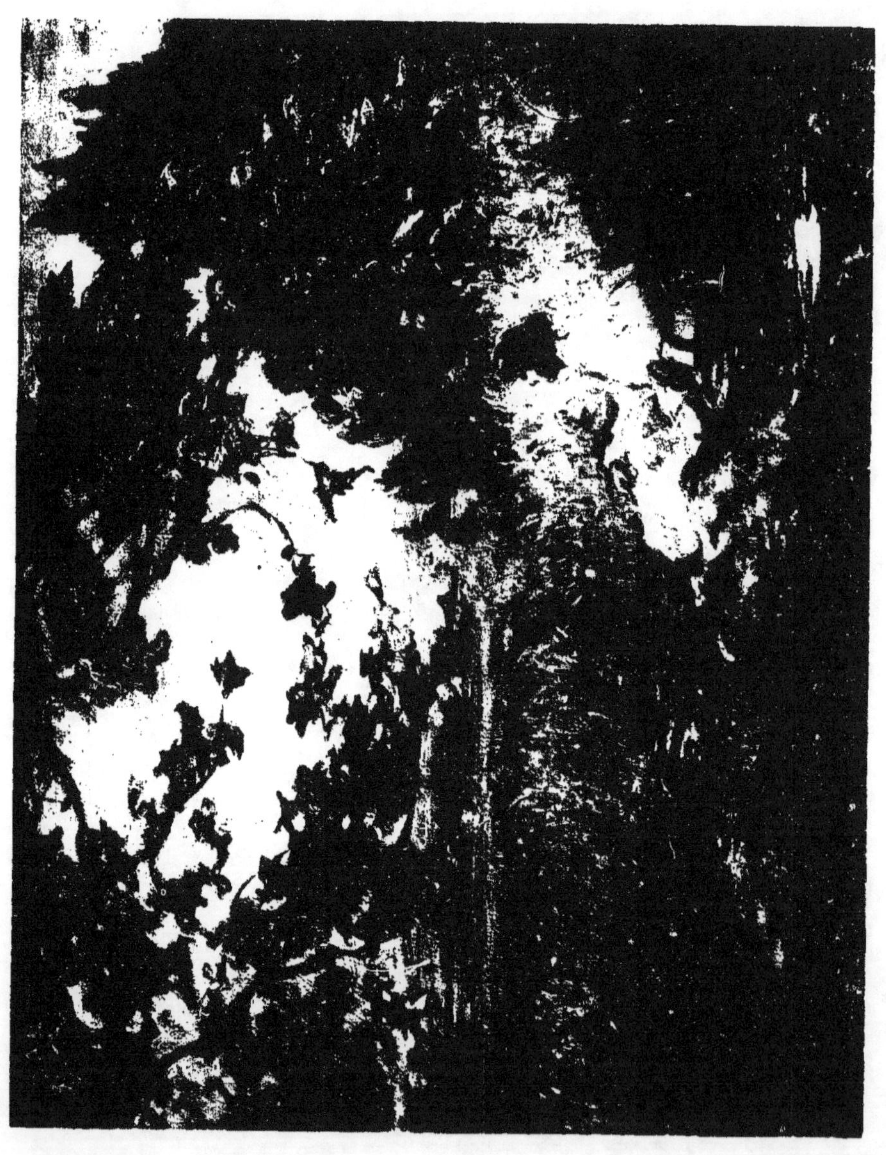

16 — *Les Abords du Mont-Piméné (Hautes-Pyrénées).*

Haut., 65 cent.; larg., 54 cent.

17 — *Paysage d'automne.*

Haut., 81 cent.; larg., 65 cent.

18 — *La Montagne de la Rhune, de grand matin.*

Haut., 73 cent.; larg., 55 cent.

19 — *Étude de jeune femme.*

Haut., 65 cent.; larg., 54 cent.

20 — *Midinette (Paris).*

Haut., 65 cent.; larg., 54 cent.

21 — *Matin d'été.*

Haut., 81 cent.; larg., 54 cent.

22 — *Les Pyrénées vues de Tarbes.*

Haut., 81 cent.; larg., 54 cent.

23 — *Rêverie.*

Haut., 81 cent.; larg., 54 cent.

24 — *En Visite.*

Haut., 81 cent.; larg., 54 cent.

25 — *Attelage basque.*

Haut., 55 cent.; larg., 46 cent.

26 — *Ascension du Port-Vieux (Vallée d'Estaubé).*

Haut., 55 cent.; larg., 46 cent.

27 — *Forêt de Fontainebleau.*

Haut., 46 cent.; larg., 38 cent.

28 — *Sur la route de Piméné.*

Haut., 39 cent.; larg., 30 cent.

29 — *Rue de Gedre (Hautes-Pyrénées).*

Haut., 41 cent.; larg., 33 cent.

30 — *Un Village près Barèges.*

Haut., 33 cent.; larg., 25 cent.

31 — *Un Gave près de Luz.*

Haut., 41 cent.; larg., 33 cent.

32 — *La Vallée de Gedre.*

Haut., 41 cent.; larg., 26 cent.

33 — *Vue prise des hauteurs de Barèges.*

Haut., 31 cent.; larg., 24 cent

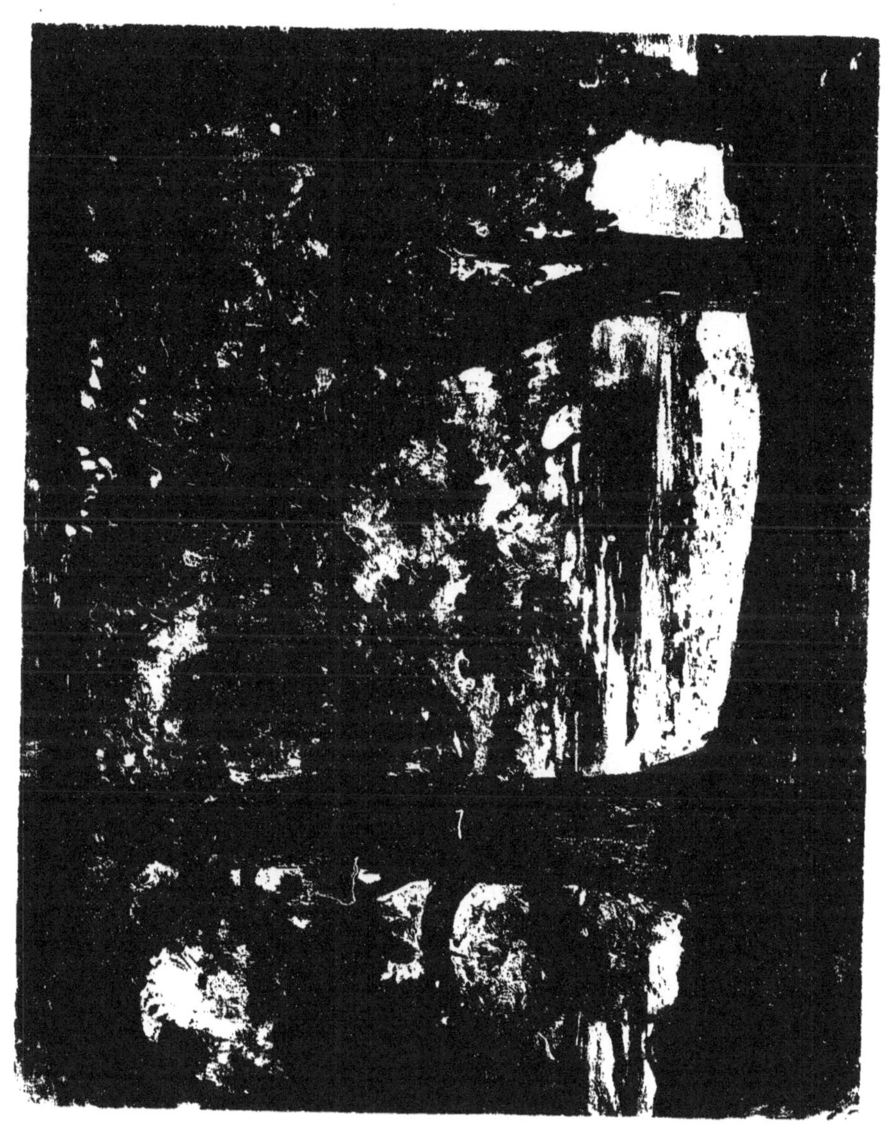

34 — *Forêt de Fontainebleau.*

Haut., 34 cent.; larg., 25 cent.

35 — *Sur la route de Gavarnie.*

Haut., 41 cent.; larg., 33 cent.

36 — *Le Pic du Midi, de Bigorre.*

Haut., 34 cent.; larg., 27 cent.

37 — *Le Vieux Chemin de Heas (Hautes-Pyrénées).*

Haut., 34 cent.; larg., 25 cent.

38 — *Vieux Fermier normand.*

Haut., 19 cent.; larg., 24 cent.

39 — *Après la lecture.*

Haut., 1 m. 53 cent.; larg., 97 cent.

40 — *Etude à Pasages (Espagne).*

Haut., 34 cent.; larg., 27 cent.

41 — *Vallée près Saint-Jean-Pied-de-Port (Pays basque).*

Haut., 34 cent.; larg., 27 cent.

42 — *Un Pont aux Aldudes (Pays basque).*

Haut., 34 cent.; larg., 27 cent.

43 — *Bateaux en rade à Pasages.*

Haut., 34 cent.; larg., 27 cent.

44 — *Un Matin dans le pays basque.*

Haut., 1 m. 30 cent.; larg., 97 cent.

45 — *Une Chaumière dans les Pyrénées.*

Haut., 20 cent.; larg., 30 cent.

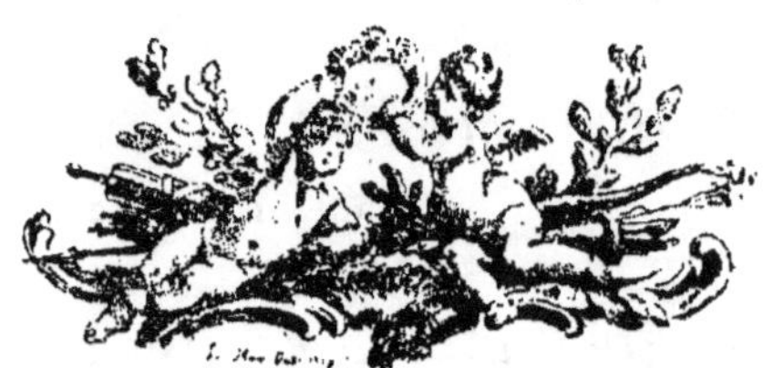

www.ingramcontent.com/pod-product-compliance
Lightning Source LLC
LaVergne TN
LVHW010258230826
846091LV00007B/3034

* 9 7 8 2 3 2 9 5 2 0 4 3 8 *